Tierra Firme

Los privilegios del olvido

PIEDAD BONNETT

LOS PRIVILEGIOS DEL OLVIDO
Antología personal

Prólogo de José Watanabe

FONDO DE CULTURA ECONÓMICA

Primera edición: FCE, Colombia, 2008

Bonnett Vélez, Piedad, 1951-
Los privilegios del olvido: antología personal /
Piedad Bonnett. — Bogotá: Fondo de Cultura Económica,
2008.
184 p. ; 21 cm. — (Colección Tierra Firme)
1. Poesía colombiana I. Tít. II. Serie.
Co861.6 cd 21 ed.
A1103304

CEP-Banco de la República-Biblioteca Luis Ángel Arango

© Piedad Bonnett Vélez, 2008

© Fondo de Cultura Económica, 2008
  Carretera Picacho-Ajusco 227, 14738 México, D.F.
  www.fondodeculturaeconomica.com

© Ediciones Fondo de Cultura Económica Ltda.
  Calle 11 N° 5-60, Bogotá, Colombia
  www.fce.com.co

Diseño y diagramación: Hugo Ávila
Imagen de portada: *Homenaje a Pessoa* de Lorenzo Jaramillo (fragmento)

ISBN: 978-958-38-0146-4

Todos los derechos reservados. Esta publicación no puede ser reproducida, ni en todo
ni en parte, por ningún medio inventado o por inventarse, sin el permiso previo, por
escrito, de la editorial.

Impreso en Colombia – *Printed in Colombia*

Contenido

La poesía de Piedad Bonnett: "un lugar para lo genuino" 11
Prólogo de José Watanabe

Tretas del débil (2004)
Palabras iniciales
[Comprobaste] 23
[La cometa golpeaba el azul] 24
[Tenía miedo de tu miedo] 25
[Pero yo era el gato con botas…] 26
[Mi hermana mira sus manos todos los días] 27
[Por la calle empedrada la procesión avanza] 28
[La bestia yace rígida y hendida,] 29
[Te despierta el rumor, el río aborregado de llanto] 30
[Cuando mi padre fue un punto lejano en la bruma…] 31
[Doña Noema tenía unos senos grandes,…] 32
[Desde la ventanilla del viejo bus] 33
[No sabes lo que llevas] 34
[¿Quién dice que hay palabras] 35
[Allá abajo] 36

Para otros es el cielo
Instantánea 39
Paisaje 40
Sin novedad en el frente 41
Souvenir 43
El hijo pródigo 44
Reciclando 46
Los estudiantes 47
De tarde en tarde 48
Regreso 49
Moab (Utah) 50
Conversación con Claudia 51
To be or not to be 52
Viajeros 54
Oración 55

TRETAS DEL DÉBIL
Siesta ... 59
Certeza ... 60
Los hombres tristes no bailan en pareja ... 62
Tea time ... 63
Filosofía de la consolación ... 65
Ofertorio ... 66
Música de fondo ... 67
Algo hermoso termina ... 69

TODOS LOS AMANTES SON GUERREROS (1998)
El forastero ... 73
Voyerismo ... 74
Poema con cita ... 75
Porque es sola la noche ... 77
Minotauro y desnudo ... 78
Bonjour tristesse ... 79
La luna llena ... 81
Diciendo adiós ... 82
Caleidoscopio ... 83
Verano ... 85
Diario ... 86
Confesión ... 87
Precisamente ... 88
Nocturnos ... 90
Conjugaciones ... 92
Tango ... 94
La risa ... 95
Colorín colorado ... 96

ESE ANIMAL TRISTE (1996)
Rito ... 99
Llamado ... 100
Labores manuales ... 101
Señales ... 102
Daniel creciendo ... 103

Nocturno	104
Manual de los espejos	105
La venadita	107
Terca señal	108
De viaje	109
Salón de baile	110
Todo tan simple	111
Revelación	112
Proceso digestivo	113
Rindiendo cuentas	114
Ración diaria	115
Sueños	116

El hilo de los días (1995)

[La puerta de nogal luce de verde]	121
[En la sala de postigos cerrados]	122
[Aquí golpeaba airadamente el padre sobre la mesa]	123
[Por la ventana contemplo…]	124
[A la hora de la siesta]	125
[Frente a la enorme puerta te detenías.]	126
[La luz enceguecida, se abandona]	127
[Tenía techo el mundo entonces]	128

Los cuchillos del alba

Los cuchillos del alba	131
Cuestión de estadísticas	132
El vigilante	133
Biografía de un hombre con miedo	134
La fiesta	135
De los bajos sentimientos	136
Los domingos	137
Guía de ciegos	138
Sólo tu nombre	139

Nadie en casa (1994)
Tareas domésticas	143
Soledad de dos	145
Lección de astronomía	146
Madre e hijo	147
Ocurre	148
El poema	150
Despedida a Lorenzo Jaramillo	152
El reino de este mundo	153
Réquiem	154
La noticia	155
De soledades	156
Regreso	157
No es más que la vida	158
Volver al tiempo de los techos altos	159
Mapa	160

De círculo y ceniza (1989)
Soledades	163
Reliquias	164
Domingo	165
De madrugada	166

La batalla del fuego
Hoy	169
Armonía	170
Asedio	171
Saqueo	172
Abismos	173
Nocturno	174
Canciones de ausencia	175

El sueño de los años
Vuelta a la poesía	181
Regreso	182
Cinco y media	183

La poesía de Piedad Bonnett: "un lugar para lo genuino"

I

Cansada vengo, definitivamente solitaria
–dijo Piedad Bonnett.

*

Entre las muchas herencias de la vanguardia hay una que establece una relación de analogía entre los poemarios y los espejos. Hay poemarios como espejos brumosos donde la realidad reflejada aparece detrás de una neblina asfixiante. Hay otros cóncavos o convexos donde el mundo adquiere acaso su verdadera figura grotesca. También los hay trizados que se esfuerzan por componer una realidad fragmentada. El primer poemario de Piedad Bonnett, *De círculo y ceniza*, es un espejo múltiple, un poliedro girando en el aire. Su unidad está dada por la diversidad de sus varias caras. Y visto desde la perspectiva actual, cuando la poeta lleva firmados seis poemarios notables, también puede considerarse un meditado y temprano planteo de temas a desarrollar, un índice o advertencia de lo que después serían sus estaciones temáticas más recurrentes. Cada poema es como el hito fundacional de un largo camino que se desarrolla sobre una superficie terrible: la soledad.

Sí, la soledad con su aparentemente único calificativo: terrible. Sin embargo, después de leer "Soledades", el poema inaugural de *De círculo y ceniza*, tenemos que repensar el calificativo. Más cerca de las sobrias *Soledades* de Machado que de las del denso Góngora, Piedad Bonnett asume la soledad de un modo distinto, del modo en el que se desplegará a lo largo de toda su obra escrita hasta hoy: la soledad es una conciencia solidaria que se extiende igual que la noche ineludible sobre los seres más vulnerables:

> Es la hora
> en que el joven travesti se acomoda los senos
> frente al espejo roto de la cómoda,
> y una muchacha ensaya otro peinado
> y echa esmalte en el hueco de sus medias de seda.
> Abre la viuda el closet y llora con urgencia
> entre trajes marrón y olor a naftalina
> y un pubis fresco y unos muslos blancos
> salen del maletín del agente viajero.
> [...]
> Mientras como una red sin agujeros
> nos envuelve la noche por los cuatro costados.

La soledad es, pues, una plataforma de convivencia donde la poeta es habitante y vecina de todos aquellos personajes que el poeta de Trieste, el entrañable Umberto Saba, llamó con infinita ternura "criaturas de la vida y del dolor". Con este poema Piedad Bonnett nos adelantó una de las claves más claras de su poética: la soledad es una fraternidad, una relación trágica y humanísima que atenúa el dolor de existir de los "animales tristes", que tal vez somos todos.

2

> Días de ayer: ¡Dios os perdone
> lo que habéis hecho de nosotros!
> –dijo José Hierro.

*

El retorno imaginario a la ciudad pequeña es un viejo tema de los poetas. Hay quienes regresan para cubrir las antiguas calles y casas con un manto excesivamente indulgente y, a veces, hasta edulcorado. Otros vuelven para reencontrar un refugio, el paraíso perdido, que acaso no fue tal, pero que necesitan inventarlo porque nada consuela más. Piedad Bonnett regresa para saldar cuentas.

La niña de Amalfi cierra los ojos, endurece el corazón y no se miente: de ese mundo, planetario en su pequeñez, trajo el miedo.

Para exorcizar el miedo de la infancia, Piedad Bonnett ha elaborado una fábula, la mejor estrategia para dar realidad y, especialmente, sentido a esa nebulosa de afectos y desafectos que flotan sin la convicción de haber sido nuestros. Generalmente se piensa que los poetas trasladan directamente su biografía al poema. Todo poema, en el fondo, es asumido como confesión o confidencia precisa del autor. Sólo a los narradores se les otorga la sospecha de que lo narrado sea recreación de su propia vida o simplemente puro invento. La ficción poética acaso se parezca más a la ficción que se filtra en una sesión psicoanalítica: el paciente, al recordar, también elabora una fábula.

En la fábula poética de Piedad Bonnett hay una niña que deambula atentísima al oscuro fluir de la vida en la antigua casona. A veces la inquietan los primeros signos de la muerte ("la sangre / que cae de la nariz sobre el tazón de leche / como señal temprana de la muerte"). Otras veces la estremece la altura vertical del padre que en su casi despiadada omnipresencia disimula su propio miedo ("Cuando yo nací me dio mi padre / todo lo que su corazón desorientado / sabía dar. Y entre ello se contaba / el regalo amoroso de su miedo"). Pero la "niña detenida / en el umbral del miedo / contra el vértice azul de una ventana" tiene una extraña conciencia, la del poeta: está convencida de que los hechos más duros podrán algún día ser doblegados hacia el canto:

> No sabes lo que llevas
> en tu valija. Cuando la abras
> volarán golondrinas
> y murciélagos a los que harás cantar
> para espantar el miedo.

Como en el diván del psicoanalista, esta vez a través de la fábula lírica, los días más ásperos de la infancia comienzan a ser resignificados. Lo más probable es que Piedad Bonnett no alcance nunca la paz completa, ningún poeta la ha conseguido, pero en varios de sus poemas aparece como un brillo amable la grandeza del indulto y el descubrimiento de una racionalidad sencilla en la vieja casa de provincia:

> Todo posee aquí
> esa serenidad de lo olvidado,
> esa apenas nostalgia que da el color del humo,

esa nostalgia a ráfagas que da saber que el cielo
extiende su milagro más allá de los campos.

3

Debíamos saberlo, el amor
quema la vida y hace que el tiempo vuele
—dijo Vincenzo Cardarelli.

*

Piedad Bonnett escribe poemas de amor, más precisamente poemas de amor erótico, y lo hace alejada de la noción que separa amor y cuerpo, separación ilusoria que permite la intromisión de la moral y, consecuentemente, de los dobles discursos. Ella escribe con la honesta y limpia convicción de que el amor es la fuerza que más cabalmente nos da conciencia de cuerpo. "Él ha tomado abierta posesión de mis huesos", escribe. Sin embargo, cuando pareciera que se propone exaltar el amor como un canto de venganza contra la soledad, aparece sin falta un lúcido tono elegíaco final. En los momentos de mayor plenitud surge aquella conciencia dolida que ve de súbito cómo el amor se orienta a su inexorable tragedia: la finitud o la decadencia. Y el amor que vino tocando tambores de guerrero para hacer más hermosos ambos cuerpos, después de los avatares del deseo, queda finalmente "brillando en mi galaxia como una estrella muerta". Siempre es así, inexorablemente:

Todo recobra
su densidad, su peso, su volumen,

ese pobre equilibrio que sostiene
tu nuevo invierno. Alégrate.
Tus vísceras ahora son otra vez tus vísceras
y no crudo alimento de zozobras.
Ya no eres ese dios ebrio e incierto
que te fue dado ser.

La poesía de Piedad Bonnett no tiene las resonancias (¿debemos decir enhorabuena?) de la actual poesía escrita por mujeres, cuyo sello más común es la reivindicación frente al dominio patriarcal. Aquí no hay reproches al mal amado. Ésta es una poesía que constata la condena de la pareja, el dolor doble, y se resuelve en una suerte de compasión agónica donde los hombres son seres igualmente sufrientes.

Los hombres tristes ahuyentan a los pájaros.
Hasta sus frentes pensativas bajan
las nubes
y se rompen en fina lluvia opaca.

Esta compasión engrandece la poesía de Piedad Bonnett. El lamento, si hay alguno, es por el común destino aciago de la amada y el amante. Si Octavio Paz escribió "amar es desnudarse de los nombres", en estos poemas se oye una voz no tan secreta que apela a que también amar sea desnudarse de los géneros. Al fin y al cabo ambos compartirán el dolor de no ver la luna llena de este bellísimo poema:

Aquel hombre con su simpleza rústica
al ver que nos marchábamos
torpes aún

marcados
con los ojos lluviosos y los labios
en su lumbre encendidos
sentenció

van a perderse de la luna llena

Ah, la luna llena que no vimos juntos,
la que hoy vuelve puntual
sola en su cielo.

4

No abuses del lector
—dijo Horacio Quiroga.

*

Como todo poeta contemporáneo, Piedad Bonnett ha escrito varias poéticas, pero su mirada, a contracorriente de la costumbre, no se ha centrado en la reflexión acerca del propio trabajo sino se ha desplazado hacia ella misma, a su condición de poeta. Ella se mira como alguien que no tiene otra salida que practicar el intercambio de dolor con palabras. Poeta, parece decirnos, es aquel que irremediablemente se resigna a ese duro comercio.

Por cada latigazo en el rostro,
por cada golpe de la espuela y cada gota de sangre,
nace una palabra, verde y brillante.
Un pequeño jardín de tinta abre sus hojas.

Según Piedad Bonnett, cuando el poeta muere "la poesía, que es inmortal, lo mira desde arriba, / ciega de luz y ajena como una estrella antigua". ¿Preguntará la poesía qué hicimos con ella cuando nos visitaba? Piedad Bonnett, que tan sabiamente se mueve en el justo límite de su propuesta, que no va inútilmente más allá del material que desde un inicio aparece en su poderosa intuición poética como trabajable, que "no abusa del lector" encubriendo con artificios y manierismos ideas inconsistentes, que mantiene la transparencia de su palabra emocionada lejos de las estridencias, hace tiempo que tiene una respuesta. Dirá, junto con la gran poeta norteamericana Marianne Moore, que en la poesía encontró "un lugar para lo genuino".

José Watanabe

Tretas del débil
(2004)

Palabras iniciales

3

Comprobaste
con asombro dolido
que no era bella tu muñeca reciente.
La vida incompasiva no había puesto en mis ojos
el verde musgo que alumbraba los tuyos.
Y sí una fea mancha carmesí
sobre el labio infantil. Pero, puesto que la belleza era tu
                                                              credo,
ibas a batallar contra la injusta
naturaleza. "La voluntad todo lo puede"
nos dijiste siempre,
tú, la porfiada hacedora de milagros.
Todas las noches, con terca convicción,
frotabas mi tabique suavemente
para afinar lo torpemente hecho
por la divinidad. Y con firmeza regeneradora
con gruesas vendas moldeabas mis huesos
mientras dormía: una pequeña momia en su sarcófago
de perfección.

Toda una vida
tratando de romper las ataduras.

¡Ah, esas extrañas formas del amor!

4

La cometa golpeaba el azul
iluminando la pupila como una estrella de nombre
                                        desconocido.
En mis manos la cuerda abría heridas.
Pero lo fundamental no sucedía allí:
arriba la belleza desplegaba sus gracias lejanísimas
y era cuestión de abandonarse y volar.
Sentía el vértigo de aquel inverso mar, su escalofrío.
(El vértigo,
que es deseo de caer y terror
de caer)
Sin embargo, la tierra jalaba ya de mí como si fuera
su más valiosa posesión.
A ella me aferraba, pero mirando el cielo.

Yo era el viento,
las nubes, los colores,
la cuerda tensa, el césped, la pupila.

En la altura
qué sola se veía la cometa.

5

Tenía miedo de tu miedo
y miedo de mi miedo.

De tu castigo justiciero,
del brazo en alto
que pretendía detener mi llanto.

Cómo he temido luego la furia de los débiles.

Me regalaste un pájaro monstruoso
de alas sombrías y pico carnicero.

Alimentarlo
fue mi mejor manera de quererte.

El pájaro vigilaba mi jaula como un verdugo ávido.

Yo pensaba que el mundo era cosa de hombres,
mientras mis senos
crecían en abierta rebeldía.

6

Pero yo era el gato con botas el sastrecillo valiente la hija número tres la doncella que duerme yo era la flecha el arco la puerta de cristal el pasadizo la luz que en la penumbra del polvo hacía estrellas
Y del infierno se podía volver con los tres pelos del diablo
                                                      entre los dedos
y las palabras mágicas
y las palabras mágicas
y las palabras mágicas que intento todavía.

9

Mi hermana mira sus manos todos los días
cuando amanece. Una, otra vez
mira sus manos. La
procesión de leprosos pasó camino al alto
en peregrinación, rotas sus caras
donde brillan los ojos con el brillo vidrioso
de la muerte. Alguno pidió para su sed
un poco de agua, y el vaso
fue roto noblemente contra la piedra impávida.
La lepra es contagiosa. También
lo es la tuberculosis. Seis jovencitas bellas y tristes,
hermanas de la abuela, murieron una a una
en su casona. Agitaban sus manos
para decir adiós desde su encierro,
como aves blancas que vuelan a morir en otras costas.
Mi hermana mira, pues, el dorso de sus manos
espiando alguna mancha que anticipe la peste.
No lo sabíamos:
nacemos ya mordidos, hermana, por la muerte.

12

Por la calle empedrada la procesión avanza
detrás del ataúd. Es blanco. Un niño
ha muerto, dicen en la mesa.
En la cocina
se cuenta que murió de culebrilla.
¿No era la muerte sólo de los viejos?
Mientras me da el jarabe
Anita dice: ahora es un ángel. Siento
que es más amarga hoy la medicina,
pero la trago sin cerrar los ojos.

13

La bestia yace rígida y hendida,
sin su jinete.
A ese caballo que trota loco por el monte lo han herido en
 los ojos.
Y ese otro agoniza con las patas quebradas.
Los jinetes eran rojos o azules, qué más da,
la sangre siempre es roja y ahogó sus gargantas
cortadas por el rápido cuchillo. Y la muerte es azul
como una flor enferma. Los traerán
en costales de fique,
extenderán sus cuerpos bajo la tierna luz de la mañana
mientras los niños suman en la escuela.
¿Cuántos?
Uno era Luis el personero.
Dos, Bastián, el vendedor de lotería.
Tres, el sargento Jaramillo.
No alcanzarán los rezos para todos.
El miedo sí.
No mires. Ya los traen.

14

Te despierta el rumor, el río aborregado de llanto
y maldiciones. La noche sobrevive a las hogueras
que se encienden,
y allí los ves, detrás de la rendija,
lejos de tu gran ojo,
en la plaza que los mece y acuna
–oscura turba de pavor y polvo–
gallinas
crucificadas, cerdos,
y una historia que queda atrás como los muertos
picoteados por invisibles gallinazos.

15

Cuando mi padre fue un punto lejano en la bruma de la
                                                    mañana,
cerró mi madre los postigos
y empezó su tarea.

En papel encerado envolvió uno por uno los platos de la
                                                    vajilla inglesa,
la quesera de peltre, los sartenes,
la estola, los manguitos, el sombrero de fieltro de la boda,
el Tesoro de la Juventud que mi padre había pagado a
                                                    cuotas,
y la máquina Singer,
con la que había cosido su joven matrimonio tarde a tarde,

su soledad
pespuntada con triste mansedumbre.

(Yo sostenía el aire, me hacía mayor
en la complicidad que nos unía).

Enseguida, con su caligrafía de maestra
de largas eles pálidas y vocales rotundas,
escribió en un pedazo de cartulina blanca:
"Vendo muebles y enseres".

Lo demás fue esperar.

16

Doña Noema tenía unos senos grandes, oblicuos, como alas
                                                    de oca:
su abrazo era temible, su olor a regaliz.
Enith y Ester, las turcas, hablaban en su lengua, y sus
                                                    palabras
picoteaban el aire, los espejos, los manteles abiertos
entre sus manos cubiertas de sortijas y piedras de colores.
La dignidad de Jesús, el carpintero, era seca y nudosa
como su espina dorsal. Palpaba
las superficies de comino crespo, olía el pino,
daba ligeros golpes al armario inclinando la frente.
Mi madre decía el precio de cada cosa
calladamente, como quien se disculpa.
El tocador, la vitrola alemana, la cunita de mimbre,
                                                    las macetas.

Cuando llegó mi padre, el sol caía ya,
sembraba el empedrado
de círculos de luz como monedas.

¡Se ve tan solo en medio de su asombro!
Tan pequeño entre aquellas paredes despojadas,
bajo los altos techos donde el eco resuena,
donde resuena un invisible llanto mientras mamá sonríe,
                                                    sudorosa.

18

Desde la ventanilla del viejo bus
veo el mundo correr,

los árboles correr,
correr el viento,

el niño que dice adiós correr,
el postigo, la alambrada, el camino.

¿Son ellos
los que se van
son ellos los que huyen?

Mi hermana y yo llevábamos abrigos:
ella rojo y yo azul,

mi hermano duerme.

No lloren,
madre,
padre,

el llanto de un adulto es una piedra
en la espalda de un niño silencioso.

19

No sabes lo que llevas
en tu valija. Cuando la abras
volarán golondrinas
y murciélagos a los que harás cantar
para espantar el miedo.

20

¿Quién dice que hay palabras
para nombrar lo ido?
Como obstinados contadores de sueños,
hablamos de un rayito de luz
en una
habitación anochecida,
pintamos las pequeñas partículas de polvo,

oro que cae en nuestro corazón.
Una tía que amamos a pesar de sus cóleras
va por los cuartos muertos
con un candil,

la Carta Roja,
tomada a cucharadas en la noche de fiebre
es
    apenas un color,

el de la sangre
que cae de la nariz sobre el tazón de leche
como señal temprana de la muerte.

21

Allá abajo
la ciudad nueva, la inventada por ti,

que ahora te retocas los labios,
te embelleces para ella.

Qué bonita
familia,

como para un retrato.

Abran, niños, los ojos
y sonrían.

PARA OTROS ES EL CIELO

Instantánea

Desde el automóvil –la luz en rojo–
yo los veo pasar en fila india.
Adelante va el viejo.
Sus pasos amplios, dobladas las rodillas, la cabeza inclinada,
como animal que han castigado muchas veces.
En la mano la bolsa,
y no sé adivinar, pero allí pareciera
residir el precario equilibrio de su cuerpo.
Detrás, alto el mentón,
los ojos más allá de esta calle, en otra calle,
un hombre en sus treinta años va montado.
Y el niño atrás, hijo seguramente, tal vez nieto,
apretando su paso detrás de los mayores.
Vienen de levantar casas de otros
cuyos nombres ignoran. Han lavado sus manos,
han intentado acaso sacar la dura mugre de sus uñas,
y sus cabezas
mojadas y peinadas
brillan con el sol perezoso de la tarde.
Pasa la luz a verde
y yo los dejo
caminando a su ciego punto muerto.

Paisaje

El sol del mediodía, su luz sonámbula,
el recio azul del cielo tirante y sordo,
el aire y su ondulante resplandor de hojalata,
las vacas tardas, tontas, en el verde infinito,
y las moscas zumbonas,
tornasoladas,
su círculo de muerte coronando el silencio;
los ojos como espejos, y en los ojos,
el ave circular, la nube pasajera;
y las manos atadas,
y la tierra
donde crecen los yuyos fieramente,
las zarzas, el jaramago, las madreselvas.
Todo esperando el lente de los fotógrafos;
y a lo lejos la risa de las hienas.

Sin novedad en el frente

En esta misma hora
Cecilio estaría sangrando la vaca:
le diría "quieta" con su voz nocturna.
Y Antonio, en esta misma hora, escribiría
con su letra patoja, "recibido".
¿Qué haría Luis? Quizá le ayudaría
a su hermano menor a hacer sumas y restas,
quizá se despidiera de su madre
pasándole la mano por el pelo.

(Cecilio, Antonio, Luis, nombres conjeturales
para rostros nacidos de otros rostros)

Cecilio es negro como el faldón con flores de su madre.
Antonio tiene acné y sufre los sábados
cuando va a un baile y ve a una muchacha hermosa.
Luis es largo y amable y virgen todavía.

En esta misma hora,
uno mira hacia el sur, donde su hermana
ha encendido una vela. Un gallinazo
picotea su frente. El otro
parece que estuviera cantando, tan abierta
tiene la boca a tan temprana hora. La misma
en que el tercero
             (largo y amable y virgen todavía)
parece que durmiera
con una flor de sangre sobre el sexo.
Sobre su pecho hay un escapulario.

Todo en el monte calla.
Ya alguien vendrá por ellos.

Souvenir

En el cuarto de Linda, en Mobile, Alabama,
hay un joyero en hueso con punteras de plata.
Su hermano Joe lo trajo de la guerra.
Bastó alargar la mano, meterlo en el bolsillo.
De todos modos
a aquella chica que parecía mirarlo, censurándolo,
no iba a servirle ya.
                   (Cuarenta grados, todo aquello hedía.
Era en verdad un hecho milagroso
su rostro intacto, su negra trenza aún viva
sobre el hombro y el pecho destrozado)

En el bar, Joe celebra la vida con ginebra,
apuesta, pierde, gana,
y a veces se silencia.
La muerte lo ha cargado de repentina hombría.

Ante el espejo
Linda se prueba un par de aretes rojos.
En la caja de hueso caben juntos
            sus sueños de algodón,
            una pulsera,
            un broche,

            toda la humillación,
            todo el oprobio.

El hijo pródigo

> *Forastero soy en tierra extraña*
> Éxodo-2-22

Ya no teníamos pasos, ni pies, sólo la furia
de tener que vivir y en la memoria
el rescoldo aún tibio de nuestros pobres miedos,

y las gallinas colgando,
          sus cabezas,
          sus ojitos abiertos,
              la negra sangre hirviendo en sus pescuezos,

y sed y ningún resto de pan ácimo.

Alguna parte debía hacer de puerto
después de los rastrojos, las serpientes, el llanto
de los niños,
de nuestros cuerpos oliendo aún a humo.

Aquí hay y habrá siempre una esquina,
eso me dicen, quédate,
no hay vergüenza en la necesidad,
                      tiende tu mano,

y sin embargo siempre estuve erguido
a pesar de doblarme día a día
sobre la tierra o el filón o el río,

y además crecen
paisajes en mis ojos.

Todo es ajeno aquí.

Decidí regresar
porque la muerte allí es más mía que esta muerte.

Reciclando

Cuando papá en un ataque de rabia mató al gato,
a mi gato Bartolo
porque metió la cola entre su caldo
y porque ya era viejo y no cazaba como debía ratones
y además era caro mantenerlo,
cuando papá borracho lo mató con sus manos,
hubo una gran algarabía en casa.
Vinieron todos, todos;
mi hermana dijo: guárdenme los ojos
para un par de zarcillos, y Martino,
nuestro vecino ciego, se pidió las tripitas
—sirven para hacer cuerdas de violín—
y mi mamá, que al principio lloró, lloró conmigo,
quiso la piel
para ponerle cuello a su chaqueta,
y los bigotes
se los pidió mi hermano Eladio, el que es mecánico,
y los cojines de sus patas fueron
lindos alfileteros
para la bruja gorda que vive atrás del patio
y es modista.
Lo que sobró lo hirvieron con sal y con cebolla.
Se lo dieron a Luis, que duerme en nuestra calle,
pues también sirve el caldo de gato para el hambre.
Yo me pedí los huesos.
Uno a uno los muerdo delante del espejo de mi hermana
porque dijo mi abuela
que al morder el que toca se vuelve uno invisible,

y eso quiero.

Los estudiantes

Los saludables, los briosos estudiantes de espléndidas
                                                                                 sonrisas
y mejillas felposas, los que encienden un sueño en otro
                                                                                      sueño
y respiran su aire como recién nacidos,
los que buscan rincones para mejor amarse
y dulcemente eternos juegan ruleta rusa,
los estudiantes ávidos y locos y fervientes,
los de los tiernos cuellos listos frente a la espada,
las muchachas que exhiben sus muslos soleados,
sus pechos, sus ombligos
perfectos e inocentes como oscuras corolas,
qué se hacen
mañana qué se hicieron
qué agujero
ayer se los tragó
bajo qué piel
callosa, triste, mustia
sobreviven.

De tarde en tarde

A mi madre le gusta ir a ese café de sobrias lámparas,
pedir galletas de vainilla,
tomar dos tazas de té negro, con parsimonia,
como en un acto ceremonial.
Hoy la he traído, pues, cediendo al gesto filial mi tarde
                                                                  laboriosa.
Tras los enormes ventanales vemos correr la vida afuera
mientras hablamos de otros días
y la tibieza del lugar sugiere que la felicidad no es más que
                                                                    esto.
De repente,
como recuperando las palabras de un sueño,
ella dice: "Qué lástima que todo se termina".
Lo dice con sonrisa liviana, pues sabe
que ser trascendental no conviene a la tarde.
(Mi madre cumplió setenta y cuatro años
y alguna vez fue bella)
Al fondo de las tazas el té pinta sus signos.
Yo no sé que decir.
Miramos la avenida, las caras planas de los transeúntes,
los árboles que callan. Anochece.

Regreso

Uno a uno han llegado los hermanos
atendiendo al llamado desnudo de la muerte.
Regresan
de sus altas ciudades invernales
con sus abrigos fúnebres y sus pequeños odios, sus rencores,
y un miedo antiguo
golpeando sus pechos como una dura aldaba.
Mientras la madre muere lentamente,
reconocen los cuartos, saquean la cocina,
hablan de tiempo,
hablan de patria,
y cuando alza su vuelo el moscardón azul de algún
                                                                          recuerdo,
en la sala en penumbra,
como un grupo de extraños que en un vagón del tren mira
                                                                          el paisaje,
ensimismados, callan.
Ahora está llorando quedamente
la madre sostenida por su cielo de almohadas:
alguien ha de haber muerto –razona– y se lo ocultan.
Si no, ¿cómo se explica que hayan venido todos,
al mismo tiempo todos,
y se vean tan tristes, sus muchachos?

Moab (Utah)

Cada mañana,
cuando las gentes de Moab abren sus puertas,
ven la inmensa cadena de montañas de piedra
que ciñe su pequeña ciudad
como un rosado anillo prehistórico

y allá arriba
el cielo imperturbable,
recién nacido insecto luminoso
que ignora la belleza de sus alas.

Saben los habitantes de Moab
que detrás de las rocas,
más allá de sus vidas ajenas a todo sobresalto,
se extiende un universo de silencio,
dunas,
abismos, lava gris y rosa,
y el viento cabeceando entre los riscos.

Cuando la carretera que atraviesa Moab queda desierta,
el silencio que habita detrás de las montañas
cae sobre sus gentes como una culpa antigua.
Ellos, hombres buenos que viven tercamente sus días,
levantan sus miradas hacia el cielo
y beben de su azul,
beben de su remota transparencia.

Conversación con Claudia

Dice Claudia que las tardes sombrías en que amenaza lluvia
nos tranquilizan. Todo en ellas es neutro, no hay lugar
para el desasosiego entre sus faldas grises.
Es cierto, Claudia.
En las tardes nubladas la vida pasa afuera con abierto
                                              desgano,
y el pitazo del tren
no levanta un polvero de nostalgias.
Resistimos la música de Schumann
sin que se desafine el corazón,
y el libro
que leemos
no nos hace llorar de forma intempestiva.
Las tardes frías
no nos asustan
como esta tarde de tirante cielo
en que el mundo parece detenido,
en que vibra la atmósfera con lucidez de vértigo,
en que todo es ajeno,
es inasible,
y el amor es de otros,
para otros es el cielo.
Habrá una tarde innumerable, Claudia,
libre de tedio y libre de tortura. Sin memoria, sin duelos,
                                               sin deseos.
Será brumosa y gris, sin sobresaltos.
Como raíces
beberemos el agua de la tierra,
ajenas a la luz que hoy nos lastima.

To be or not to be

To be or not to be dijo alguien una vez,
y ése es ni más ni menos el dilema.

(La calavera lo miraba con
        sonrisa de sarcasmo)

Diariamente
nos miramos subir, bajar, mentir,
suspiramos detrás de la escalera,
cosechamos ojeras azules
                –como Hamlet–.

Con toda perfección nos imitamos.

Templamos el acero
del corazón
o lo arrojamos sangrante a los perros.

Bastaría con un poco de asepsia,
Seconal, Ativan, un dulce lecho,
nada que manche al que duerme a tu lado.

To be or not to be
            dijiste
                        Hamlet.
Ya
no nos mató la espada envenenada.
Vamos al cine pues y hacemos el amor
con un ritmo prudente,

de nuestras propias vísceras comemos
hasta sonar tan huecos como cáscaras.

Viajeros

A Eugenio Montejo

Aquella historia, Eugenio, que me contaste
en el aeropuerto de Barajas,
de vez en cuando viene, milagrosa,
y me acompaña.
Entre aviones que ruedan, entre gentes
a las que crecen alas,
sin oír el llamado que hacen los altavoces,
camina una muchacha.
Detrás de ella vas tú en tus treinta años,
detrás de ti, pausadas, las palabras,
detrás de tus palabras la "saudade",
y en fin, mi encantamiento y tu callado
rememorar. Y el tiempo
que ha venido de golpe hasta tus sienes,
y que ahora señala, banalmente,
que es hora de despedirnos ya.
Nos devora Barajas, boa lenta, ondulante.
Tú a tu ciudad de soles, yo a mi país de nieblas.
En mi valija
la joya de tu historia,
que hoy brilla en la memoria mientras se desvanecen
Barajas, la mañana y el gesto de tu mano
que dice adiós al borde del poema.

Oración

Para mis días pido,
Señor de los naufragios,
no agua para la sed, sino la sed,
no sueños
sino ganas de soñar.
Para las noches,
toda la oscuridad que sea necesaria
para ahogar mi propia oscuridad.

Tretas del débil

Tretas del débil
Josefina Ludmer

Siesta

Más allá –más acá– de los cuerpos
vencidos ya,
de tu respiración
de niño, acompasada,
y de mi inquieto
cavilar,
        está el árbol
detrás de la ventana,
naciendo del verano hoja por hoja,
de su luz milagrosa y móvil y cambiante,

que habla de tiempo,
de lo eterno y lo efímero y del hecho
de existir,
de abandonarse así,
temblando,
a lo que nace.

Certeza

> *Siempre hay paz en la certeza*
> Truman Capote

Hasta el fondo del vaso
desde tu oscuro fondo
caían las palabras
difíciles
amargas
caían como gotas espesas y brillantes
que iba sorbiendo el tiempo

como arena finísima
caían
haciendo un agujero
en mi mano extendida

y cada gesto
era ya para siempre

ideograma de tintas invisibles
de un idioma
que iba olvidando mientras lo aprendía

y el instante nacía cada vez
para morir
en memoria y en fuga de presente.

Tenerte era perderte.

No tenerte
es esperar
confiada
que no llegues.

Los hombres tristes no bailan en pareja

Los hombres tristes ahuyentan a los pájaros.
Hasta sus frentes pensativas bajan
las nubes
y se rompen en fina lluvia opaca.
Las flores agonizan
en los jardines de los hombres tristes.
Sus precipicios tientan a la muerte.
En cambio,
las mujeres que en una mujer hay
nacen a un tiempo todas
ante los ojos tristes de los tristes.
La mujer-cántaro abre otra vez su vientre
y le ofrece su leche redentora.
La mujer-niña besa fervorosa
sus manos paternales de viudo desolado.
La de andar silencioso por la casa
lustra sus horas negras y remienda
los agujeros todos de su pecho.
Otra hay que al triste presta sus dos manos
como si fueran alas.
Pero los hombres tristes son sordos a sus músicas.
No hay pues mujer más sola,
más tristemente sola,
que la que quiere amar a un hombre triste.

Tea time

Aquí estamos tú y yo, con estos trajes nuevos, bien
                              cortados,
como dos decadentes aristócratas
que riegan con humor sus horas secas.
Debajo de tu ademán ligero
                  en dónde estás,
dónde el filo que mi mano punzó hasta ver la sangre
que te daba a beber,

y tu tristeza
pausada como un largo adiós sin vuelta.

Dónde mi sed revuelta, sino atada
con cordeles debajo de la mesa,
mientras el té echa humo e impecables
sobre nuestras rodillas se abren las servilletas.
¿Estoy muerta detrás de tu solapa
de noble lord?
¿Hay cicatrices en tus finas manos?
¿Qué eco de ayer resuena en tu cabeza?
Este vestido no me viene bien. Tampoco
este ritual de linos y de sedas.
Algo vivo
sube por mi esternón a mi garganta

pero muere al nacer
como una obscenidad que sofocada
quemara el paladar. Sonrío, no obstante. Bebo

mi té. Te ofrezco una galleta.
No va bien el dolor, querido mío,
con la etiqueta.

Filosofía de la consolación

Leo
que la plenitud es la desaparición de la carencia
y que sólo es feliz
quien ha perdido ya toda esperanza.
Los que así escriben
no pueden entender que de la herida
que duele y hiede nazcan abejas rubias
y que su miel
sea la poca luz que nos alumbra.
Ellos,
dueños de su circunferencia conquistada,
no saben
qué infecunda es la paz donde no habitas.

OFERTORIO

Como un regalo acepto tu silencio,
con todo
lo que contiene su rigor de roca.
Con todas las preguntas que caben en su círculo,
su arañazo, su lágrima y su vientre
de tambor que golpeo
y donde sólo el golpe me responde.
Como algo que es,
que no puede no ser
acepto tu silencio.
Con todo lo que tiene de respuesta,
de grito figurado, de impotencia,
de palabras cosidas con largos hilos falsos.

Porque todo
lo que un hombre quiere soñar cabe en el puño
cerrado del silencio.

Te ofrezco a cambio
todo el silencio que tu oído pide,
que tu corazón pide,
y de puntillas
salgo de ti.
(Yo, que siempre he creído en las palabras)

Música de fondo

Hay penas que terminan
avergonzándonos:

zonza, desprestigiada, monocorde
como el zumbido
del moscardón contra el cristal o como
una vieja tía que se instala en casa
y teje y teje mascullando,
así

esa pena que no se fue nunca
y que mancha de tizne las mañanas.

En el cine, en la ducha, en el mercado,
en medio de la tarde o de la noche
dice la pena idénticas palabras

      sin aspavientos,
      sin coloraturas,
      sorda,
      monotemática,
      invencible.

De vez en cuando, sin embargo, el fiero
alacrán escondido se despierta,

salta
sobre mi corazón.

Su mordedura
vuelve a hacerlo sangrar.
Por el dolor deduzco que no he muerto.

Algo hermoso termina

> *Todos los días del mundo*
> *algo hermoso termina.*
> Jaroslav Seifert

Duélete:
como a una vieja estrella fatigada
te ha dejado la luz. Y la criatura
que iluminabas
               (y que iluminaba
tus ojos ciegos a las nimias cosas
del mundo)

ha vuelto a ser mortal.
Todo recobra
su densidad, su peso, su volumen,
ese pobre equilibrio que sostiene
tu nuevo invierno. Alégrate.
Tus vísceras ahora son otra vez tus vísceras
y no crudo alimento de zozobras.
Ya no eres ese dios ebrio e incierto
que te fue dado ser. Muerde
el hueso que te dan,
llega a su médula,
recoge las migajas que deja la memoria.

Todos los amantes son guerreros
(1998)

A ti capaz de desaparecer
de ser atormentado por el fuego
luminoso opaco ruin divino

a ti
fantasma de cada hora
mil veces muerto recién nacido siempre
    Blanca Varela

Ogni amante è guerrier: nel suo gran regno
ha ben Amor la sua milizia anch' egli.
    Ottavio Rinuccini

Hay en mi corazón furias y penas
    Francisco de Quevedo

El forastero

Otra vez ha llegado el arrogante amor sin anuncio
y se ha instalado aquí
donde tu nombre comienza a ser un árbol
que me da sombra con sus siete letras

sin permiso sin prisa –con un rostro tan nuevo
que no reconocí sus ojos antiquísimos
sus garras de milano
su paciencia–
ha dado ordenes para que el sol alumbre
y ha clavado su espuela
aquí donde tus ojos me pierden y me ganan
aquí donde tu voz
donde tu mano
lustra la piel de este animal que tiembla

hirsuto y tan hermoso
que ahora es guerrero el sueño al que despierto
mientras la muerte huye

de nuevo estoy a salvo

Voyerismo

Te veo, desnudo y aún húmedo bajo la luz de la lámpara,
como un moderno dios
que se apresta para la ceremonia. Pausadamente
te pones la camisa,
y el negro sobre el blanco
te hace repentino señor de la alcoba en desorden
y señor de la noche y de las mil estrellas
que envidiosas te miran y te ayudan a amarte.
Mi placer, sin embargo, es más perverso y dulce.
Ahora y siempre puedo contemplarte
detrás del ojo de tu cerradura.

Poema con cita

> *Me propongo, amado, ser para ti la superficie*
> *ser para tus ojos sólo cuerpo*
> *ser para tu lengua sólo ritmo*
> *ser información para tu red.*
>
> Myriam Moscona

Dice Walter Benjamin que hay una esfera de
                                         entendimiento humano
inaccesible a la violencia: la verdadera y propia esfera
del entenderse, que es la lengua.
Descreo, con pesar, de Walter Benjamin.
He oído con fervor cómo tu boca hace nacer de nuevo el
                                                                 mundo,
cómo nombra con palabra precisa lo que antes fuera para mí
                                                                 torpe aleteo
de mariposa errada. Y te he amado en la oscura revelación
                                                                 del verbo como a un dios.
Yo, por mi parte,
he inventado para tu oído historias que envidiaría
                                                                 Xherezada
y he querido que me ames tendiéndote la trampa del
                                                                 poema.
Y sin embargo henos aquí,
enredados como viejos teólogos que discuten sobre pobres
                                              minucias buscando entrar al cielo.
Se olvidan ellos,
olvidamos nosotros

que el parloteo informe del universo surgió de un magma de
silencio
para distraernos de dios, de nuestro miedo,
y que en tu médula, en mi médula, más allá de los fuegos y
las duras tormentas,
sólo queda silencio.

Pasa amado tus dedos sobre mi superficie, donde hallarás mi
hondura.
Y yo pondré mi oído sobre tu pecho para oír los latidos de
la tierra que tiembla.

Porque es sola la noche

> *Simplificado el corazón, pienso en tu sexo.*
> Vallejo, Trilce XIII

Pienso en tu sexo
nombro tu sexo lo convoco
rayo y halcón o quizá algo más dulce
y menos literario
tu otro corazón atropellado
un otro corazón que va encendiendo lumbres
redimiendo mis sombras

Sentir tu sexo amor su dura lluvia

Pero nombrar tu sexo vuelve papel tu bella furia ciega
te aleja de mi sexo que está triste
porque es sola la noche
cuando escribo tu sexo   cuatro letras
cuando pienso tu sexo y el tiempo abre un paréntesis
y estás en otra parte
y cruzas otro río

Minotauro y desnudo

(Pablo Picasso)

Oh poderoso minotauro

la fuerza de tu amor ya anuncia la ruina el despojo las
                                                                                        lágrimas.
No es fácil resistir la luz de tu hermosura.
Esa pequeña mujer vive su muerte entre tus brazos
y es claro que agradece al pintor
que la haya condenado por una eternidad
a ser de tus poderes poseída.
Su realidad de tinta la salva de la pena
de la ruina el despojo las lágrimas

oh brutal despiadado minotauro.

Bonjour tristesse

Ah, chèri
volvemos a nacer y estamos muertos
entre dentífrico
champú
café con leche

abro la ducha y corre sobre mi cuerpo el agua
con llanto pleno corre y es un río lejano
y en el río tu orina su música amarilla
y la espuma en mis muslos
y en mis muslos la vida
y entre tú y yo las calles
y el día por delante
y el año por delante
y el siglo por delante
y atrás

amor no quiero   baúles de recuerdos
tumbas donde no hay fuego
sarcófagos fatales

y tú flotando muerto entre tus ruinas
desayunando muerto
y muerto en tu alto lecho nupcial

chèri no entiendes
tan sólo importa el hueso
y en el hueso la llama
y la llama en el ojo

y el ojo en cada mano
y en la mano la piel
estremecida

y el agua de la ducha corriendo por mi espalda
y el cielo azul
        azul
mientras en las noticias dicen que el mundo sigue
y el espejo me anuncia que estoy sana
no salva
y el día por delante
y el año por delante
y el siglo por delante
y tú chèri en tu río
en tu espejo
en tu calle

chèri
no entiendes nada.

La luna llena

Para Gretel Wernher

Aquel hombre con su simpleza rústica
al ver que nos marchábamos
torpes aún
marcados
con los ojos lluviosos y los labios
en su lumbre encendidos
sentenció

van a perderse de la luna llena.

Ah, la luna llena que no vimos juntos.
La que hoy vuelve puntual
sola en su cielo.

Diciendo adiós

Cómo olvidar tu más entera noche tu tristeza infantil
                               debajo de las sábanas
tu rostro de doce años que jamás contemplé
y la casa encendida de colores
el olor a pintura como un mar silencioso donde el horror
                        navega mientras el padre muere
entre suaves quejidos muere el padre
y tú te haces un hombre a fuerza de llorar sin una lágrima.

Cómo olvidar tu duro rostro adulto
donde asoma a escondidas un niño que me mira
como quien se despide detrás de una ventana.

Caleidoscopio

Caleidoscopio tú tus largos huesos
y tus ojos marrón   agualuna   vinagre

y el cuerpo luminoso cruzado por la sombra
hoy bestia que se muerde su propio flanco en llamas
mañana gris crepuscular y triste
y triste sin remedio ayer en tus espejos
que giran en mi ojo eternamente

(vértigo del azogue
cielo de fuegos fatuos
mentira de colores)

encendido en tu hoguera y frío frío frío
¡tascas tan bien tu freno
duro potro!

Puedo imaginarte imaginar tus enfermedades la peste de tus
                                                                                mañanas
la habitual ceremonia la tenaz persistencia con que vuelves
                                                                               al mundo
ángel lívido y óseo con las alas cortadas
la muerte entre las cejas
y el fuego el fuego de tu sexo dormido
tu "infantil espejismo" y tu llanto hecho roca
y la transpiración de tus axilas que desata las aguas del
                                                                                  deseo

Caleidoscopio tú tu miel amarga
los fieros finos dientes y la mansa sonrisa
y el corazón
el corazón un agujero negro
un cuarto inhabitado
un iceberg
una llave
que no sabe su puerta

azul
dorado
sangre

brillando en mi galaxia como una estrella muerta.

Verano

A esta ciudad de lluvias y monótonas nieblas
la ha abrasado un verano repentino, implacable,
que hace que las adormideras cierren exhaustas sus hojas
y las mirlas chillonas se silencien y nos miren con aire
              inquisitivo
sembrando el aire tenso de presagios.
Hoy es domingo y la gente se ha volcado a la calle con sus
              ropas ligeras
a celebrar la vida,
el sol que brama sobre sus cabezas.
Yo he venido a sentarme en este parque donde los paseantes
              extienden sus cuerpos
sobre la hierba tierna
y agradecen la brisa con los ojos cerrados.
Miro hacia tu ventana ciega a los resplandores que el sol
              pone en mis ojos.
Es demasiado sol para mi pena.
En su copa los árboles son verdes y frondosos. Pero sus
              troncos
se descascaran ya, sin el don de la lluvia hace semanas.
Y la tierra, la tierra donde hay tréboles y hormigas
comienza a abrirse en grietas. Es verdad que las gentes
              tienen hoy
aire de fiesta. Y sin embargo
yo las veo moverse a cien años de mí, de mi silencio,
de mi pecho sediento
que comienza a sentir, como la tierra, los ardientes estragos
              del verano.

Diario

Cada mañana es ahora un rectángulo blanco una pulcrísima
                                                                             hoja
que despierta mi miedo
qué hacer con el dolor dónde ponerlo
aplicarse a la vida con método con furia con tinta ir
                                                                 cometiendo
el limpio asesinato
matar matar el tiempo oh dulce paradoja
acuchillar los días mientras tú vives sano como un animal
                                                                            joven
garrapatear borrar poner las tildes
organizar sobre las horas limpias la fiebre la obsesión el
                                                                         desamparo
y esperar otra noche
y esperar otro día
una rayuela eterna pintada con tiza de colores
y saltar arrastrando la pizarra
domingo
        lunes
                martes
y al final ningún cielo.

Confesión

Escriba usted
estoy matando un hombre con aplicado estilo
y método y llorando y mire señor juez mis manos pulcras
no podrían siquiera torcer el cuello frágil de un gorrión
                                                   moribundo
al que ha cazado un gato
y lo acuchillo
lo abro de parte a parte lo desgarro en las horas
del alba porque
escriba
él ha tomado abierta posesión de mis huesos
ha arrasado mi puerta y deambula sonámbulo con furias de
                                                   naufragio
y no respeta ley
y resucita a la hora del almuerzo y me turba
con sus ojos dementes de hechizado.
Señor juez mi cordura termina donde empiezan
sus besos de arduo filo
y el nudo de delirios de mis noches sin tregua
en que baja a mi lecho y extiende su hermosura.
Estoy matando a un hombre que nace cada vez como una
                                                 flor maligna
y se bebe mi aire.
Deje constancia de que confieso el llanto la impotencia
y que actúo en defensa señor juez de mis restos
dolidos y sangrantes.

Precisamente

Mientras escribo este verso
millones y millones de seres respiran todavía en mi viejo
                                                  planeta.
Prueba aquél una manzana y descubre un gusano entre su
                                                  pulpa.
Una mujer escribe una carta y solloza.
Abre la tierra este otro con sus manos, y transpira y no
                                                  piensa.
Y en una esquina una muchacha espera a un hombre que
                                                 no llega.
Miles de hombres y mujeres abren sus ojos y recuerdan su
                                            cuerpo y sus tareas.
Cientos de esófagos, de glándulas, de hígados, hacen su
                                            inocente trabajo
y el amor resucita caricias a un millón por segundo
y alguien se juzga feliz
y un hombre compra una cuerda y la cuelga
del árbol que en su patio florece.
Tosen, cantan, defecan, multiplican, parten su pan, aceitan
                                              su paciencia,
bufan, escupen, besan, timan a su vecino,
mienten, mienten y ríen, mienten sinceramente y apuñalan
o leen un poema,
y éste se hace un bistec y aquél cae de bruces y ya no se
                                                levanta,
y Rosa estrena su vestido verde,
y Allan le ha pegado a su joven mujer y se emborracha
y Gore cría peces en su bidet y apesta
y Lina se masturba

y Pedro se masturba
y Amarilis se pinta las uñas y camina desnuda por su cuarto
                                                                                       en penumbra.
Millones de hombres y mujeres respiran mientras que yo te
                                                                                       busco en la memoria
y te maldigo a ti
imposible y único

precisamente a ti
precisamente.

Nocturnos

I

V de volar
de ver
vértice
vórtice
lugar para nacer
nódulo ciego.
Como dos altas cejas sobre un mundo de asombros
como las manecillas
marcan las once y cinco en el reloj
como dos piernas que se van abriendo
y allí la rosa del amor. Bisagra
ojo y herida.
Puerta que abre sus alas en mitad de la noche
¿y quién
quién viene?

II

Duermes
respiras como un niño
pulsa tu sangre el tiempo en otro espacio
más allá de mi abrazo.
En mi oído nocturno
el pequeño animal gime gozoso
y eres final y mío.
Música del amor en mi desierto
asma de los deseos
cortadura.

III

Otro vendrá. Ocupará tu lugar se beberá tu aire
tomará posesión de mi cadáver.

Conjugaciones

Lo que no sé de ti.
Si en este instante, cuando se desdibuja el límite entre el
                                                    alma y la noche,
se oscurecen tus párpados y callas.
Si en uno de tus sueños vuelvo a ser un temblor para tu
                                                          mano.
Si paso extensa y húmeda cuando bajan la guardia tus
                                                       olvidos
y pulso algún dolor. O si soy cicatriz, número ciego.

Lo que no sé de ti.
Lo que no supe.
(¡Qué impotencia creciendo adolorida
en mitad del pretérito!)
Lo que no supe: aquello
que parecía entonces pequeño a mis preguntas.
Si te gusta la oscura transparencia del ámbar,
cuándo
leíste aquel poema de Vallejo,
si has oído el silencio de los valles de Utah,
o en qué lugar preciso de tus años
Dios te dejó de hablar.

Y el futuro imperfecto: lo que ya no sabré
de ti. Qué penas
habrá en tu duro cielo por mí desalojado,
cómo irá haciendo el tiempo posesión de tu rostro.

Y sin embargo sé lo que tú no podrías saber
porque es aquello
que de ti queda más allá de todo,
de tu nombre, tu historia, de tu peso y tu talla,
certidumbre de ti, sol que me habita.

Tango

Hasta mi cuarto en soledad ha entrado repentino
el viernes con su luna,
y su vaga promesa de camas lujuriosas y pelucas
y sus humos sin fuego
y la furiosa música de los automóviles
que inaugura su cielo en cada esquina.
Todo el viernes acaba de entrar por la ventana
borrando las vocales de mi libro
y el silencio es ahora una daga que flota ante mis ojos
y la noche es más noche
y el deseo más mío.
En este viernes, que ha entrado hasta mis platos aún con
                                                    sobras,
a ti que en algún cuarto cultivas tus insomnios
o que bailas
dichoso porque vives, o sueñas sueños hondos
donde alguien traza signos de amor sobre tu pecho,
a ti que me olvidaste antes de verme
yo te habría querido.

La risa

Atormentados y finales como un desahuciado reciente
que apenas balbucea y maldice con ruda palabra su suerte

así tú y yo amándonos y odiándonos
cada uno en su esquina en su pequeño espacio de verdades

levantando su precario edificio de naipes

Y entonces
un roce un gesto una torpeza inevitable
hacía caer la risa sobre nuestras cabezas
como un paracaídas de colores que abre todos sus pliegues
y se tensa
y deja que entre el aire y lo conduzca
caprichoso y seguro hasta la tierra

La risa hacía que los cuerpos se buscaran
dóciles ahora y alegres
perdonando

Tu risa vuelve a veces con sus ecos
hasta la noche altísima donde te has instalado como un
                                                silencio nuevo
y yo río contigo te celebro

y mi risa es mi llanto.

Colorín colorado

Porque viéndolo bien

—seca la sangre ya
en mi patio las vendas extendidas—

habría que agradecer
la limpia curva que trazó la fábula

(tan distinta a la vida
tan distinta)

Fue hermosa hasta en su dura manera de romperse

Y hasta el dolor fue espléndido
como el tendón de un toro
un bosque ardiendo

Contada fue con palabra precisa
y perfecta en su tiempo

porque al príncipe nunca le hizo daño el hechizo
porque aunque se anunció
no llegó el lobo.

Ese animal triste

(1996)

Volver a la memoria del cuerpo, he de volver a mis huesos en duelo, he de comprender lo que dice mi voz.
Alejandra Pizarnik

Rito

En la noche desnuda, los amantes
cabalgan en la cresta de la ola,
primarios e inocentes como ángeles.
Tiernas obscenidades, besos, gestos
–blandos gatos oscuros– van naciendo,
van arañando el áspero silencio.
Cada caricia es nueva, como la madrugada.
Como la madrugada,
eternamente se repite el rito
y con su pulso hace girar el mundo.

Llamado

>*(Variaciones en torno a un poema
de Dylan Thomas)*

Al escuchar tu voz nocturna, padre,
–tu voz de amante navegando en sus mares de zozobra–
yo descendí del más hondo silencio
y me hice llanto.
Una llama violeta le dio vida a mi médula,
y mi nada de viento se posó como un pájaro
en las pupilas rubias de mi madre.
A tu llamado
(que era roto tremor, ciego buceo,
roja batalla enfebrecida)
yo descendí vertiginoso y lúgubre
como un hombre con sed que bebe un agua amarga.
Traje del frío sideral
la luz fosforescente que hace brillar mis huesos.
Y del oscuro magma brotó una flor quemante:
mi corazón, donde ya había miedo.
Quise ser sordo,
seguir siendo gota
del furioso torrente donde no habita el tiempo.
Pero tu voz subía,
como una lluvia inversa tu voz subía a buscarme
hasta mi oscuro centro aún sin nombre
hasta el umbral de sombra donde era luz mi madre.

Labores manuales

Sobre el cuerpo desnudo –tan reciente–
sobre la piel azul de transparencia,
ejerzo mi ritual: agua que corre
en tibio bautizo, aceite, talcos,
pedazos de algodón.
Tierno animal que late en desamparo.
Hay que sacar agujas para tejerle un traje
de alambre, estopa, púas,
pues muerde el aire afuera.

Señales

La luna brilla con ese furor ciego
que es señal inequívoca
de que ha llegado el tiempo fértil del sacrificio.
Huele a la piel rayada de los tigres,
a orquídea que se abre,
al humus que comienza a oscurecer la lluvia.
En un sueño de ríos y serpientes
naufraga la muchacha envuelta en llanto
y sus pechos recientes se estremecen
con un temblor antes desconocido.
La muñeca que abraza tiene los ojos muertos.
Y el ángel de la guarda
marca una cruz con sangre sobre sus muslos blancos.

Daniel creciendo

Con el oído del corazón oigo la música secreta de tu
                                                              cuerpo,
el crepitar de tus huesos creciendo,
un animal poderoso que te sube en la voz,
la turba de tus sueños, las mareas
que con fuerza te alejan de mi orilla.
Por los rincones todos de la casa
vas dejando tu antigua piel,
y abrumado y espléndido descubres
tu desnudez que humilla los espejos.
Yo torpe, yo asustada,
desde mi torre ondeo mis pañuelos.
Abandonas
tu tierra de milagros donde es rey el silencio,
tu universo de ciegos resplandores
sin mirar hacia atrás.
En la mañana
en que trémulo vuelvas la cabeza
para leer las cifras de aquel tiempo,
un mar de sal te velará los ojos.

Nocturno

Mi noche es como un valle reluciente de huesos.
La piel, arena, sílice. Los labios, agrietados.
Una cruz de ceniza sobre el vientre desnudo.
Heme aquí entre malezas, en medio de rastrojos,
muerta de cara al techo de la alcoba,
con la luna bailando en la pupila
y el corazón como una liebre herida
que persiste en vivir. Quizá algún día
un enjambre de abejas fabrique su colmena
cerca de mí. Quizá algún día
me despierte el zumbido de su vuelo
sobre mis ojos, sobre mi garganta,
y reverbere el cuerpo, luminoso,
como un mar que cantando alza sus olas.

Manual de los espejos

I

Y he aquí que un día llega la abuela de su muerte de siglos
y con su mano pequeñita,
temblorosa de tanta humana ausencia,
sobre el espejo pone su sonrisa en la tuya.
Y ese tío remoto de ademanes adustos y sueños militares
te regala aquel gesto que tanto detestabas.
Descubres también a tu madre en la ternura del cuello
y tu padre te lega la vigorosa arruga de su frente.
Y tú buscas el niño de ayer, y no lo encuentras.
En el espejo, en cambio, se amotinan
los que fueron un día, tan idéntico a éste.
Los que pugnan por ser entre tu sangre.

V

Eres la que caminaba en puntillas oyendo el susurrar de las hadas, la que se asomaba al incendio del jardín y bebía su copa de sangre.
La que recuerda con ardor una palabra turbia dicha al oído por un hombre cuyo rostro olvidó, pero que no podría evocar una sola de las caricias de aquellos que la amaron.
La que al ver una mancha púrpura en la mejilla de un joven descubrió las sórdidas precisiones de la muerte, su espeso caldo sin fondo.
La que quiere rezar y sólo acierta a mirar tontamente las paredes de la alcoba.
La que según presagian los augures morirá con un cáncer de garganta, lúcida y sin rencores, en una madrugada lluviosa.
La que bebe su dosis de láudano en el café de las mañanas, la que llora en los sueños y agradece los ojos dulces de un desconocido.
La que ya nunca escribirá esa carta tratando de revivir una amistad perdida.
La que mira hacia atrás y junta pobres retazos y no comprende aún el privilegio del olvido.
Todas ésas son tú. Y no eres ninguna.
Eres la que respira hoy, la que se mira en el río que fluye, tembloroso. La que mañana no sabrá del árbol, del pájaro en la rama, del humo y la zozobra en la mirada.
Del instante que impávido se agota en otro instante.

La venadita

> *A Frida Kahlo,*
> *quien pintó este cuadro en 1946*

De pura lástima y puro amor yo te regalaría mi cuerpo,
                                                             venadita.
¡Yo, que envidio el relámpago nocturno de tus cejas,
tus manos con anillos,
la voz india,
y tu cuello altanero de mestiza!
A ti que te dio Dios todo a montones, incluido el dolor
y ante todo el dolor,
yo te daría,
si fuera Dios, un cofre con huesitos
de plata mexicana
y un pie de oro. Y limpiaría, con mi mano eterna
las llagas de tu alma, venadita.
Te pediría a cambio todo el amor que te sobró en el cuerpo
y un retrato vibrante de colores.

Terca señal

En un rincón de la mañana,
bajo el lívido sol, como una ampolla
de la hirviente ciudad,
los excrementos:
terca señal de que allí estuvo un hombre.
¿Qué fantasías poblarán sus sueños?

De viaje

A *María Mercedes Pérez*

Es como si doliera la mirada perpleja de los viejos.
Como si nos turbaran sus gestos temblorosos al buscar la
escalera,
sus caras de evadidos,
su aturdido aferrarse al pasamanos,
y el aire pesaroso con que arrastran
sus pies en la estación de pasajeros.

Salón de baile

Basta un agrio olor desconocido,
la mancha de la sábana, el guante sobre la losa del
                                                                         quirófano,
el pelo que amontona el peluquero con gesto minucioso
                                                                encima de la alfombra,
o quizá algo menos funesto,
incluso hermoso,
tal vez el blando cristalino del ojo del caballo,
el pregón mañanero,
el cucarrón que zumba y pega contra el cristal de la
                                                                       ventana,
para que des el salto,
sea el revés del ojo,
el otro lado,
y entres en ese cuarto despojado de muebles, con cortinas
                                                                          de raso,
donde ella está esperando para bailar contigo,
para decir obscenas palabras en tu oído.

Todo tan simple

Quizá a la madrugada
la pesada caricia de su lengua pastosa
Y *vi la voz ya muerta queriéndome decir desde los ojos*
y en ellos vi ceniza
O tal vez en perpendicular el mediodía
y alguien que lejos grita su pregón y es la vida
Y *su rostro se hizo un rostro ajeno*
y los labios se abrieron en un gesto rabioso
posiblemente luz artificial y ruidos
metálicos y voces
alarma en el pasillo
ni un ruido, ni una lágrima
quizá, quizá los sueños o una piedra en el pecho
y vi bajar la sombra posarse sobre el labio
ir regando su tinta violeta en la mejilla
y aquello que jamás se nombrará
la triste sordidez

así fue todo   así
todo tan simple

Revelación

De niña me fue dado mirar por un instante
los ojos implacables de la bestia.
El resto de la vida se me ha ido
tratando inútilmente de olvidarlos.

Proceso digestivo

Ya he comido mi sopa de clavos, mi pan de munición,
pan con zarazas,
ya tragué mi ración de raíces y venenos
y mastiqué juiciosamente todo lo que pusiste en mi plato.
Mira qué buena soy. Ya me he comido todo.
Por mi garganta en sangre comienza ya a subir
un borbotón de palabras hinchadas.

Rindiendo cuentas

Por cada latigazo en el rostro,
por cada golpe de la espuela y cada gota de sangre,
nace una palabra, verde y brillante.
Un pequeño jardín de tinta abre sus hojas,
con callado vigor va dando savia al día.
La vergüenza contempla, con su cara biliosa,
la innoble transacción, el triste pago,
las uñas impecables del verdugo.

Ración diaria

> Mira –le insiste el Minotauro a Teseo– sólo
> hay un medio para matar los monstruos:
> aceptarlos.
>
> Cortázar (Los reyes)

Sin una sola luz ni un solo ruido
un barco cruza el agua nocturna de mi infancia;
tal vez el cocinero se desangra sobre cebollas rubias
con el rostro lleno de verdugones
y la bata empapada.
Mi miedo se bebía el aire de la alcoba con los ojos abiertos
y el monstruo que me habita
sofocaba mi voz con su cola de escamas.
¡Ay! Amorosamente, desde entonces, le doy su ración
                                                      diaria.
Tenso animal carnívoro,
el ruido de su boca que mastica
es música en mi insomne madrugada.

Sueños

III

Yo velo tu cadáver. Por el cuello y el rostro
asciende ya la sombra
y un musgo áspero y húmedo te reverdece el pecho.
Como un monstruoso tronco con los ojos abiertos
en el tremedal agrio vas flotando,
lentamente desciendes a lo oscuro.
Con mis manos atadas a tus manos
miro por una vez el cielo alto que calla,
fijo en mi fondo su más clara estrella.

IV

Metí mi mano en tu costado para tocar el corazón.
Encontré rémoras,
fósiles milenarios,
todo
un arsenal marino sobre un banco
de peces muertos.
Quise sacar mi mano, lamer la sangre de su herida.
Pero una boca oscura la retiene:
puedo sentir el filo de sus dientes
levemente apretando mis muñecas.

V

Sobre mi mesa de noche, en medio de mis libros
colocados en orden riguroso
he puesto mi cabeza degollada.
En las sábanas blancas el cuerpo resplandece
como un dorado río de luciérnagas,
como un campo nevado en que se abrieran,
encarnados, feraces, mil anturios sangrientos.

El hilo de los días
(1995)

La puerta de nogal luce de verde
como invitando a entrar. Agua para la sed del peregrino,
sombra para el cansancio forastero
se adivinan detrás de sus umbrales.
De silenciosa se dijera eterna la puerta donde todos han
                                                                                     escrito
con toscos caracteres sus mensajes.
Toca el recién llegado con las palmas abiertas
y un murmullo de cántaros y de sábanas limpias
atraviesa sus ojos empañados de arena.
En su ansiedad el visitante olvida
que esa puerta en que el sol hace brillar el verde
está hecha también para salir.

En la sala de postigos cerrados
–donde hace tantos años que nadie se visita–
se extiende la penumbra con finos ademanes.
Y he aquí que en medio del silencio pareciera
alzarse el gesto de la mano
que dulcifica el hilo blanco de las carpetas
y borra toda brizna de polvo, borra el tiempo
que cae, poderoso,
limando las aristas de los días.
Y si no fuera porque en la casa entera no hay un solo
                                                          murmullo,
porque en el mundo entero se apagaron los ruidos,
creeríamos oír pasos, creeríamos
que ha llegado por fin el visitante
que estuvieron –que estamos– esperando.

Aquí golpeaba airadamente el padre sobre la mesa
causando un temblor de cristales, una zozobra en la sopa,
volcaba el jarro de su autoridad aprendida, de sus miedos,
de su ternura incapaz de balbuceos.
Adelantaba su dedo acusador y el silencio
era como una puerta obstinada que defendía a los niños del
llanto.
Aquí sólo hay ahora una mesa de cedro, unos taburetes,
un modesto frutero que alguien hizo
con doméstico afán.
¿Dónde los niños,
dónde el padre y la madre arrulladora?
La tarde esplendorosa asoma añil y roja detrás de los
vitrales.
Y pareciera que tanta paz, tanto silencio pesaroso
fuera el golpe de Dios sobre la mesa.

Por la ventana contemplo el mundo entero en mi jardín,
las azaleas temblorosas de luz, la sombra ávida
sobre la tierra multiplicadora.
Nada hay en él que sea teorema, ni hay ley en el color de la
magnolia.
El caos se alza lleno de verdores.
Pero adivino un orden misterioso en el jardín que huraño
va creciendo.
Quizá el orden benévolo de un dios
en cuyo sueño nunca existió el hombre.

A la hora de la siesta
un toro que escapó del matadero
entró a la casa de puertas abiertas.
Sus patas resbalaron en las baldosas del zaguán
antes de que en los corredores iluminados de geranios
se oyera su jadeo desconocido,
el estruendo de su cuerpo inocente.
Por las habitaciones frescas de sombra
erró con una furia ebria,
devastando un universo de cosas minúsculas,
de flores de papel y pocillos y sillas vacías,
hasta llegar a ese cuarto final
al que el silencio temeroso había huido.

La niña, en su precario escondite,
sabía que era un sueño.
En la quietud del tiempo detenido
podía escuchar el latir atolondrado de su pecho,
su retumbar acompasado
como de pasos de bestia en la penumbra.

Frente a la enorme puerta te detenías.
La noche te apretaba los riñones
y un agua clara y tibia corría hacia tus pies.
Había luz en las rendijas, voces
apagadas, secretas; torpes ruidos
que no debías oír. Quizá ese pedregoso
suspirar fuera llanto. Quédate allí en cuclillas,
silenciosa. No tiembles.
Pronto pasarás esta puerta. Para siempre.

La luz enceguecida se abandona
sobre el solar humilde que recortan
las tapias imprecisas,
y un cielo limpio y sin arrugas se extiende
como un mantel recién almidonado.
La herrumbre cumple su morosa faena sobre el peltre del
                                                                                        balde
con la misma paciencia con que el agua
borra todo esplendor de la madera
y hace crecer la hierba
entre las patas de la mesa coja.
Todo posee aquí
esa serenidad de lo olvidado,
esa apenas nostalgia que da el olor del humo,
esa nostalgia a ráfagas que da saber que el cielo
extiende su milagro más allá de las tapias.

Tenía techo el mundo entonces
y un olor familiar a humo de leña.
Íbamos recibiendo la vida a cucharadas,
amorosa sopa de letras donde íbamos leyendo
la secreta consigna de los días.
¿Qué poderoso cataclismo,
qué oscura y sistemática tarea
nos dejó a la intemperie sufriendo viento y lluvia?

Los cuchillos del alba

Los cuchillos del alba

Se sobresalta el alba con el ronco bramido de las bestias
que son sacrificadas. En la estridencia
de su voz, y más allá del miedo
un eco resignado se adivina.
El agua, imaginamos, cae furiosamente
sobre la piedra, abre una mancha espesa
y cárdena en la tierra. La muerte va trazando
sus signos en la blanca madrugada.

Cuestión de estadísticas

Fueron veintidós, dice la crónica.
Diecisiete varones, tres mujeres,
dos niños de miradas aleladas,
sesenta y tres disparos, cuatro credos,
tres maldiciones hondas, apagadas,
cuarenta y cuatro pies con sus zapatos,
cuarenta y cuatro manos desarmadas,
un solo miedo, un odio que crepita,
y un millar de silencios extendiendo
sus vendas sobre el alma mutilada.

El vigilante

Ese árbol que extiende su ramaje
sobre la calle maltratada,
pareciera un mendigo que aún guarda algún decoro,
una como secreta dignidad en su afrenta.
El populoso arroyo de gentes corre absorto
sin mirarlo siquiera. Un extraviado
gallinazo, en la copa, sigue atento
los pasos atareados de los hombres.
Algo de majestuoso hay en su espera.

Biografía de un hombre con miedo

Mi padre tuvo pronto miedo de haber nacido.
Pero pronto también
le recordaron los deberes de un hombre
y le enseñaron
a rezar, a ahorrar, a trabajar.
Así que pronto fue mi padre un hombre bueno.
("Un hombre de verdad", diría mi abuelo).
No obstante,
—como un perro que gime, embozalado
y amarrado a su estaca— el miedo persistía
en el lugar más hondo de mi padre.
De mi padre,
que de niño tuvo los ojos tristes y de viejo
una manos tan graves y tan limpias
como el silencio de las madrugadas.
Y siempre, siempre, un aire de hombre solo.
De tal modo que cuando yo nací me dio mi padre
todo lo que su corazón desorientado
sabía dar. Y entre ello se contaba
el regalo amoroso de su miedo.
Como un hombre de bien mi padre trabajó cada mañana,
sorteó cada noche y cuando pudo
se compró a cuotas la pequeña muerte
que siempre deseó.
La fue pagando rigurosamente,
sin sobresalto alguno, año tras año,
como un hombre de bien, el bueno de mi padre.

La fiesta

Aquel alegre ebrio se ha marchado por fin dando un
                                                            portazo,
y tres, cuatro invitados y el anfitrión
–que ha manchado de grasa su solapa–
esperan, alrededor de mesas llenas de sobras,
silenciosos y ajenos,
algo que no ha llegado todavía.

De los bajos sentimientos

Una pedrada en medio de la frente,
una injuria en la espalda, en el camino
una trampa de clavos y de estiércol.
Mas no esta oscura zarza que sembraron
en la mitad de mí, sus poderosas
raíces en mitad de la alegría.

Los domingos

Los domingos, pareciera
que Dios hubiera huido dejando un agujero en la mitad del
                                                      mundo,
que Dios hubiera bostezado de tan mala manera y con tan
                                             mala suerte
que su boca hubiera quedado abierta como una enorme O
donde cabe la entera molicie de los hombres. Son días
                                                 misteriosos
los domingos, con su rostro de sábana recién almidonada,
con su nostalgia de todas las cosas:
de las que nunca pudimos tener y ya nunca tendremos
y aún de las que nunca deseamos tener, pues es nostalgia
                                                     pura
la tarde de un domingo;
y una horrible sospecha
de que estamos viviendo en un lugar ajeno
nos aturde el domingo a las tres de la tarde.
A veces el domingo es como un nido.
A veces su inocencia, la simpleza de sus calles vacías, de su
                                                     cielo
parece que va a hablarnos, a otorgarnos
una revelación
imponderable.

Guía de ciegos

Toca la superficie toda de las cosas. Pasa
la palma de la mano por la madera, siente sus nervaduras.
Toca el bronce. Que la seda te dé su agua y el mármol
te otorgue su memoria. Toca el cristal. Muy bien.
El terciopelo, la dulcedumbre muelle de la alfombra.
No, no mires el cielo. A otros les pertenece.

Sólo tu nombre

Pienso en la dulzura de poseer sólo tu nombre
e ignorar todo e inventarlo todo, salvo tus ojos, su infinita
oscura soledad y la furiosa
presencia de la sangre en tus arterias, el palpitante
arrullo de tu pecho que no he oído, yo que debo callar
mientras te alejas, mientras te acercas pálido, invencible
a mi noche en que el tiempo no te toca, sin ayer, sin
                                                                               mañana,
desnudo como un ángel que no puede
remontar las fronteras de mi sueño.

Nadie en casa

(1994)

Tareas domésticas

I

Con qué cuidado
y doméstico afán, entre el alba y la ducha,
meticulosamente aceitamos los goznes,
a los grilletes damos brillo, nos aseguramos
que aprieten las cadenas –por si acaso–
que no hagan ruido
sus eslabones. (Se molesta el prójimo).
Con qué aire laborioso
sonreímos a la mañana urgente y caminamos.

IV

Una mano grave, pausada,
quita el polvo con un plumero alegre,
barre el zaguán, el tedio que se hamaca,
coloca su paciencia en la camisa,
lava con humildad, y en las burbujas
ve la cara de Dios y ve su propia cara.

Soledad de dos

> *Suena la soledad de Dios. Sentimos la soledad*
> *de dos. Y una cadena que no suena,*
> *ancla en Dios almas y limos.*
>   Blas de Otero

En las tardes lluviosas
en que las bombillas conquistan una a una su espacio
                                                    desconsolado,
en las madrugadas traspasadas de suspiros,
de murmullos ahogados por los ruidos metálicos en las
                                                    cocinas,
cuando entras en mi noche armado hasta los dientes
y colocas tu espada entre mi cuerpo y tu cuerpo,
cuando ya no es posible caminar, ya no es posible detenerse,
ya no es ni siquiera posible sentarse a soñar,
se oye la soledad de Dios,
sentimos el silencio de dos quebrando los sonidos del
                                                    mundo.

Lección de astronomía

Mientras extiende el cielo el mapa de sus constelaciones
tu voz señala el rumbo de Orión,
el millón de años
que demora la infancia de una estrella,
los doscientos millones de años luz
entre Perseo y este globo rojo
en donde un día sigue a otro día.
Callas desde tu orilla y los minutos
caen, y poco a poco van abriendo
un pequeño agujero en la arena del tiempo.
En el silencio
sólo se oye el tum-tum de mi latido
tan remoto y tan triste como un quasar.

Madre e hijo

El poeta
bebe el agua del Tigres y del Eufrates,
se desvela y a veces tiene caspa,
y en los salones tiene reservado su puesto
y los zorros lamen su mano antes de huir espantados
por el bronco sonido de su verso.
De púas, de cuchillos, es la piel del poeta.
Con el despertar de la luz sangra la piel del poeta.
A veces, desalado, silencioso,
desierto de los pies a la cabeza,
anochece de bruces en su cama.
La envidia del poeta es amarilla,
su ilusión es azul como un cielo sin guardas.
A ratos a sí mismo se devora, se corta en pedacitos, se
                                        reparte,
se mira en el espejo, escupe, llora
sobre los baldosines de la infancia.
El poeta envejece, engorda, eructa,
y en ocasiones el poeta muere.
La poesía, que es inmortal, lo mira desde arriba,
ciega de luz y ajena como una estrella antigua.

Ocurre

Ocurre
que un día voy amando sin ton ni son a todos.
Al vendedor,
al ciego (le compro una estampita),
a la señora gorda, al químico y al sastre,
a todos voy amando con un amor sin bordes,
un amor de Dios manso y justo, si lo hubiera.
Pero también ocurre
que el alma, madrugada,
es como un nervio expuesto a una tenaza.
Y hay escalones falsos
y el amigo que amamos rehuye la mirada.
Caminamos sombríos
sabiendo que el mesero escupe en nuestro plato,
que el profesor calumnia a su colega
y la enfermera
maldice al desahuciado y le sonríe.
Y ocurre
que un día me conmueve la llaga del mendigo,
y extiendo mi sonrisa como un tapete nuevo
para que todos pisen
y se limpien el barro de los pies maltratados,
y la muchacha baile su vals de dos centavos,
y el cartero sacuda sus zapatos deformes.

Ocurre
que al despertarme recuerdo un amigo
que murió hace ya tiempo,
o veo llorar a una mujer viajera
en el amanecer, ¡y es tan hermosa!
Y el amor se atropella, se amotina,
y voy amando a todos sin ton ni son, a todos.

El poema

> *El mayor enemigo de la poesía*
> *es el poema*
> Vicente Huidobro

Anterior al poema el árbol en la arena,
iluso faro de las focas marinas.
Anterior al poema, el grito.
El beso de los adolescentes, sus manos que se buscan
    en el sopor del verano.
Anterior al poema, inútil como un prendedor
    sobre el pecho de una muchacha, la luna.
El árbol,
el grito,
el beso,
la luna,
hechos plegaria en medio del poema,
hechos de sal, de sombra, de metal, de hueso
    en medio del poema,
desesperadamente, rabiosamente plantados
en medio del poema,
árbol de oes,
grito de aes,
beso de ues,
luna de papel.
Sobre la arena el árbol persevera.
Dentro del alma el grito persevera.

Y los besos se multiplican en el aire y la luna
    impasible canta su aria
sobre el cielo de tinta del poema.

Despedida a Lorenzo Jaramillo

Dejas
lo que llamamos mundo:
los ríos impasibles, tumultuosos
cementerios de dioses,
la furia de las avispas ciegas,
el murmullo
de la savia trepando hacia la luz,
la roja tierra
donde habita el zulú que nunca viste.
Pero a ser fieles
dejas de veras el calor del lecho,
la incertidumbre matinal,
el olor a aguarrás y a trementina,
una calle en tu tarde y otra calle
de tiempo, caminada
por unos pocos hombres. Eso es todo.
Con un rostro reciente, construido
a la medida exacta de la muerte,
material, como un nudo de algas sobre una playa,
comienzas a ser cedro y a ser trébol,
a ser nube que llueve en nuestras frentes.
Despojado,
desnudo, en las manos la cuerda
del falso equilibrista,
te vas tan solo como puede irse
un hombre muerto:
solo apenas tanto
como puede quedarse un hombre vivo,
como puede nacer, a cada instante, un hombre.

El reino de este mundo

Hablo
de la muchacha que tiene el rostro desfigurado por el fuego
y los senos erguidos y dulces como dos ventanas con luz,
del niño ciego al que su madre le describe un color
                                      inventando palabras,
del beso leporino jamás dado,
de las manos que no llegaron a saber
que la llovizna es tibia como el cuello de un pájaro,
del idiota que mira el ataúd donde será enterrado su padre.
Hablo de Dios, perfecto como un círculo,
y todopoderoso y justo y sabio.

Réquiem

Resulta
que ya nada es igual, nada es lo mismo,
que algo se ha muerto aquí
sin llanto,
sin sepulcro,
sin remedio,
que otro aire se respira ahora en el alma,
patio oloroso a humo donde cuelgan
tantos locos afectos de otros días.
Tendría que decir
que ha llovido ceniza tanto tiempo
que ha tiznado por siempre las magnolias,
pero es pueril la imagen y me aburro.
Me aburro dócilmente, blandamente,
como cuando era niña y me tiraba
a ver pasar las nubes,
y la vida
era larga como una carrilera.
Ahora el tren da la vuelta y unos rostros
borrosos me saludan desde lejos:
yo amé a aquel hombre que va hablando solo.
Aquel otro me amó y no sé su nombre.
La tarde se silencia y todos parten.
Soy yo la que hace tiempo ya se ha ido.

La noticia

Por la ventana abierta el día es día como siempre,
o noche, que es igual,
y el árbol tiene la mansedumbre de las cosas ya vistas,
y el orden de la mano va del número,
cuando la ola entra alocada, dando tumbos,
tan caliente
que ahoga el pequeño pájaro que anida en la camisa,
tan fría
que congela un río de palabras,

la ola con su paréntesis vacío para siempre
que viene a recordarnos que vivir era esto,
que hacia este lugar desde siempre veníamos.

De soledades

Parado sobre el quicio de sus días
detiene el hombre el paso, repentino,
con su sola ventana y su horizonte
despoblado de voces y de abrazos.
En su precaria esquina, con la frente abismada
y un montón de recuerdos inútiles, de olores,
de imágenes borrosas y de besos
que quisieron posarse y se quedaron
flotando, boquiabiertos, en el aire,
muerde su labio y calla.
Porque un llanto lejano lo persigue
en la huérfana luz de la mañana,
perplejo y sin canciones calla el hombre.

II

Con mi fardo de amor yendo y viniendo
y el corazón en venta y la mano extendida,
y el amigo sin lumbre y de ceniza
y el hermano un apenas de otros días
y el amante sin lecho, sin palabra,
y el mundo entero sordo
y mudo,
el mundo entero.

Regreso

Callan de pronto los abrazos
pues ya no sabe nadie qué decir,
tanto ha mordido el tiempo desde entonces.
Algo entorpece el aire, algo vacila entre la vieja silla
y el gesto de la mano,
y la sonrisa del recién llegado
es como el santo y seña de un hombre que ya ha muerto.
Hay, es verdad, una tarde fatigada de sol en la memoria,
y en el umbral de ayer
una madre doblando cada cosa,
doblando pena a pena con su casi sonrisa.
¿Pero quién dice nada, quién echa al mar las redes,
quién desata los cabos que ha ido atando el tiempo?

No es más que la vida

> *Si alguien pregunta díganle*
> *aquí no pasa nada, no es más que la vida.*
> Eliseo Diego

En la parsimoniosa tarde que acurruca
su sombra en el rincón y estalla afuera
en un grito infantil
sin una nube
              que atrape la pelota
cada uno en lo suyo
la muchacha
que busca el Indostán volcada sobre el Atlas
la música del aire detenida

y entre la luz y el alma
aleteando

algo que roza la mejilla y arde

(O quizá sea
el corazón de trapo de la dicha).

Volver al tiempo de los techos altos

Volver al tiempo de los techos altos, de las vigas de sombra,
de los cielos sin nubes
donde princesas besan la frente de los sapos,
y abismarse al solar donde la piedra
aporreaba canciones lavanderas.
Y que la tinta
huela a tinta y brille
toda la luz en medio del crisol,
cri-sol que era el milagro abierto en la palabra,
de bruces, holgazana y acodada
en la tarde leída letra a letra.
Y orinar lentamente en una esquina
del patio, entre azaleas
que esperan mayo, antes que venga alguno,
y cerrando los ojos lloviznados
sentir que corre el chorro azul de la inocencia.

Mapa

En un hangar vacío un hombre muerto.
En un vagón donde la hierba muele su sombra,
en una escuela,
crucificado,
ardido,
un hombre muerto
con un nombre inservible como un cántaro roto.
Un hombre muerto de cara a la luna,
o de bruces quizá, como un chico rabioso,
anonadado y solo, cejijunto,
un hombre muerto-muerto a pesar suyo.
Sin talismán, sin aire, sin esperma,
un hombre sin domingo por la tarde
muere a las dos,
muere a los dos y media,
muere tres veces hoy y seis mañana
de muerte natural en esta guerra.

De círculo y ceniza
(1989)

Soledades

Exacto y cotidiano
el cielo se derrama como un oscuro vino,
se agazapa a dormir en los zaguanes,
endurece los patios, los postigos,
enciende las pupilas de los gatos.
En las mezquinas calles minuciosos golpean
los pasos de la frágil solterona
que sabe que no hay luz en su ventana.
En el aire hay olor a col hervida
y detrás de la ropa que aporrea la piedra
un canto de mujer abre la noche.
Es la hora
en que el joven travesti se acomoda los senos
frente al espejo roto de la cómoda,
y una muchacha ensaya otro peinado
y echa esmalte en el hueco de sus medias de seda.
Abre la viuda el closet y llora con urgencia
entre trajes marrón y olor a naftalina,
y un pubis fresco y unos muslos blancos
salen del maletín del agente viajero.
Un alboroto de ollas revuelca la cocina
del restaurante donde un viejo duerme
contra el sucio papel de mariposas,
mientras como una red sin agujeros
nos envuelve la noche por los cuatros costados.

Reliquias

Tías siempre observadas
por aquel laberinto de retratos,
con sus piernas de pájaro enredadas
en ovillos de lanas de colores.
Un camafeo guarda los cabellos
que el afán de la muerte ha desteñido.
Tías con manchas grises en las manos
que minuciosamente multiplican
de cojines sus cuartos numerosos,
adormilados en la naftalina.
Tías de labios rojos,
que duermen vigiladas por bandejas de plata.
A todos nos alcanzan sus bufandas eternas,
que esperan un invierno que no llega.

Domingo

Domingos de ciudad,
rudo bostezo al sol adormecido.
La miseria pasea sus ruidosos colores
inventándole un nombre a la mentira.
Por un día el tornero
es campeón del mundo en bicicleta,
y en los cinemas
bocas que besan copian de otras bocas
dulces sueños baratos repartidos.

Domingos de ciudad,
burbuja de agua.
Recuerdo de una casa con balcones
de un tiempo irrepetible.
Cuchillo de rencor que abre su filo
en doloridas calles bulliciosas.
La miseria arrastra sus rodillas
quitándole la costra a los pecados.
Mujeres jóvenes de pieles viejas
lloran sus muertos en los cementerios
mientras en verdes calles el hastío
se acomoda al calor de las poltronas.

Domingos de ciudad.
Domingos de los siglos y los siglos.

De madrugada

Apaga su reguero de bombillas
el día, tiritando,
y descorre su velo de neblina.
En el mezquino cuarto un hombre soñoliento
abre los ojos
a otro día de bancos en los parques,
de avisos de periódico
casi rabiosamente subrayados.
Lustra el contabilista su cabeza
entre llantos de niños
y todos los tenderos del mundo, satisfechos,
sacan su delantal de la trastienda.
La rolliza señora
prolonga un poco más el morbo de sus sueños
mientras la adolescente se acaricia desnuda
delante del espejo.
Repican las campanas con sus voces de angustia,
se derrama el incienso,
y hombres de oscuros gestos, de ojos enfebrecidos,
hacen sonar sus pasos
en las naves vacías de inmensas catedrales.

La batalla del fuego

Porque la pena tizna cuando estalla...
Miguel Hernández

Hoy

Y todo confluyó (Cotidiano milagro).
La luna socavada por los deshacedores de misterios;
el continente aciago en que vivimos;
esta dura ciudad sin asideros;
Borges en Adrogué sin verse en los espejos,
y empotrada en mi noche esa otra noche
que en mi costado abrió tu mano blanca.

Puntos del devenir, gotas de los arroyos
que desde siempre vienen con su caudal de muertos:
eso somos tú y yo, hoy que la tarde brilla
con un sol insolente, intruso en los zaguanes,
y tú tienes un nombre,
y mi risa es mi risa por nadie repetida
en esta historia tránsfuga de rostros innombrables.

¿Qué citas en el tiempo transgredimos?
¿Qué soterradas rutas hemos hecho
para ver esta nube, ave de hielo
manchar la luz sin fuego de la tarde?

Hay que embriagarse en la embriaguez del vino,
del beso, de los cuerpos anudados,
del sol sobre la ardiente piel desnuda.
Pues hoy veo tus ojos, sombra y agua,
y el aire transparente de esta calle.
Y en el oscuro túnel del mañana
habrá una tarde igual que no veremos.

Armonía

Oye cómo se aman los tigres
y se llena la selva con sus hondos jadeos
y se rompe la noche con sus fieros relámpagos.
Mira cómo giran los astros en la eterna
danza de la armonía y su silencio
se puebla de susurros vegetales.
Huele la espesa miel que destilan los árboles,
la leche oscura que sus hojas exudan.
El universo entero se trenza y se destrenza
en infinitas cópulas secretas.
Sabias geometrías entrelazan las formas
de dulces caracoles y de ingratas serpientes.
En el mar hay un canto de sirenas.
Toca mi piel,
temblorosa de ti y expuesta a las espinas,
antes que el ritmo de mi sangre calle,
antes de que regrese al agua y a la tierra.

Asedio

> *Si te ponen miedo mis ojos ausentes,*
> *mis ojos noctámbulos,*
> *mis ojos dementes...*
> León de Greiff

No me culpes.
Por rondar tu casa como una pantera
y husmear en la tierra tus pisadas.
Por traspasar tus muros,
por abrir agujeros para verte soñar.
Por preparar mis filtros vestida de hechicera,
por recordar tus ojos de hielo mientras guardo
entre mis ropas un punzón de acero.
Por abrir trampas
y clavar cuchillos en todos tus caminos.
Por salir en la noche a la montaña
para gritar tu nombre
y por manchar con él los blancos paredones
de las iglesias y los hospitales.
Hay en mí una paloma
que entristece la noche con su arrullo.
Mi noche de blasfemias y de lágrimas.

Saqueo

Como un depredador entraste en casa,
rompiste los cristales,
a piedra destruiste los espejos,
pisaste el fuego que yo había encendido.

Y sin embargo, el fuego sigue ardiendo.

Un cristal me refleja dividida.
Por mi ventana rota aún te veo.
(Con tu cota y tu escudo me miras desde lejos).
Y yo, mujer de paz,
amo la guerra en ti, tu voz de espadas,
y conozco de heridas y de muerte,
                    derrotas y saqueos.

En mi hogar devastado se hizo trizas el día,
pero en mi eterna noche aún arde el fuego.

Abismos

Porque eres ave que girando en rebeldía
desafía la bruma
                la ardua noche
haciéndola más honda y más oscura
y más inmenso el mar
                porque eres nave y náufrago a la vez
                sin velas y sin anclas
                solitario
                profanador de todos los confines
potro de sombras desbocado y dulce
para la libertad
                y el cielo galopante
hecho de vientos y hecho de huracanes
y sin embargo calmo como el agua
de misteriosos y profundos lagos
                porque extraviado pero indiferente
                como un rey agraviado deambulas
                por los caminos de un imperio en ruinas
porque eres un reloj sin manecillas
un bello loto sobre los pantanos
porque te vi sonriendo en tus orillas
                cayendo voy
                errática y ardida
en tus oscuros mundos abismales.

Nocturno

La noche, oscura loba, golpea las ventanas
con una lluvia airada.
A lo lejos
un monótono ruido de motores
recuerda la ciudad que se desvela.
Duermen los niños
y se puebla la casa con sus sueños
de campos y caminos soleados.
En el cristal mi rostro indiferente
me devuelve impasible la mirada.
Todo se ha detenido:
el mundo afuera,
las sombras misteriosas y en el libro
el llanto de la pálida muchacha.
Noche inmensa,
noche sin bordes como un mar eterno.
Un pensamiento leve: aquí alguien falta.
Un estremecimiento.
Allá, a lo lejos,
una bocina suena
y en el libro
vuelve a llorar la pálida muchacha.

Canciones de ausencia

I

Aquí dijiste:
"son hermosos
los ojos húmedos de los caballos".
Y aquí: "me encanta el viento".
Deseando yo tus pasos, revivo tus palabras.
Y te amo en la baldosa que pisaste,
en la mesa de pino
que aún guarda la caricia de tu mano,
en el estropeado cigarrillo
olvidado en el fondo de mi bolso.
Recorro cada calle que anduviste
y sé
que amaste este abedul y esta ventana.
Aquí dijiste:
"así soy yo,
como esa música
triste y alegre a un mismo tiempo".
Y te amo
en el olor que tiene mi cuerpo de tu cuerpo,
en la feliz canción
que vuelve y vuelve y vuelve a mi tristeza.
En el día aterido
que tú estás respirando no sé dónde.
En el polvo, en el aire,
en esa nube
que tú no mirarás,
en mi mirada

que te calcó y fijó en mi más triste fondo,
en tus besos sellados en mis labios,
y en mis manos vacías,
pues eres hoy vacío
y en el vacío te amo.

IV

La palabra,
—esa hechicera—
me devuelve la forma de tu pecho,
la humedad de tu axila, la sedosa
caricia de tu vello.
La palabra se hace agua, se hace lágrima,
se hace calor, saliva, piel y beso.
La palabra,
loca fabuladora del deseo.
Te exorciza y a mí vienes volando
con las manos vacías.
Con tu apenas sonrisa
galopas sobre el tiempo.
La palabra,
la dulce mentirosa,
tiende su trampa y yo te recupero.
Tinta.
Letras de tinta.
De tinta la mentira.
Palabras, letras, tinta.
Y tú tan lejos.

El sueño de los años

Según se sabe, esta mudable vida
puede, entre tantas cosas, ser muy bella...
    Jorge Luis Borges

Vuelta a la poesía

Otra vez vuelvo a ti.
Cansada vengo, definitivamente solitaria.
Mi faltriquera llena de penas traigo, desbordada
de penas infinitas,
de dolor.
De los desiertos vengo con los labios ardidos
y la mirada ciega
de tanto duro viento y ardua arena.
Abrazada de sed,
vengo a beber de tus profundos manantiales,
a rendirme en tus brazos,
hondos brazos de madre, y en tu pecho
de amante, misterioso,
donde late tu corazón como un enigma.
Ahora
que descansando estoy junto al camino,
te veo aparecer en cada cosa:
en la humilde carreta
en que es más verde el verde de las coles,
y en el azul en que la tarde estalla.
Humilde vuelvo a ti con el alma desnuda
a buscar el reflejo de mi rostro,
mi verdadero rostro
entre tus aguas.

Regreso

En mentiroso viaje,
enlazando recuerdos,
inventando postigos, puertas, nombres,
construí una verdad hecha de sombras.
Vi un zaguán rematado por una enredadera.
Vi un toro, astro enlutado, y una mano sin dedos.
Un cordón infinito subiendo a una campana,
y al final de una calle, colgando de una puerta,
un cerdo con los ojos coagulados.
Una cúpula inmensa
y el sol en los vitrales de colores.
Un santo que me mira
con quietud paquidérmica y malsana.
Vi a mi madre sonriendo en sus veinte años.
Vi un picaflor, capricho detenido.
Y en la noche lluviosa (que hoy se ha vuelto infinita)
me vi a mí misma, niña detenida
en el umbral del miedo,
contra el vértice azul de una ventana.

Cinco y media

¡Ay! ¡Aquí está la vida!
Son los árboles grises sobre el gris de la tarde.
Es la pueril canción que se desliza
en el silencio de un domingo ajeno.
El capricho que pinta en la caoba
un leve movimiento de mi mano.
Esta mancha de tinta,
este zancudo, aleve arquitectura sobre el plato.
¡Ay! ¡Aquí está la vida!
Repartida, en astillas, en pedazos,
inasible, rodante, fugitiva,
oscura, impredecible, cotidiana
(cual discreta vecina que saluda
–por costumbre quizá– cada mañana)
¡Ay! Aquí está la vida y yo viviendo.
Y detrás va la muerte agazapada.

Este libro se terminó de imprimir en Bogotá, en abril de 2008,
en los talleres de Nomos Impresores
con un tiraje de 1.500 ejemplares.